30 DIAS DE *oração* PELOS FILHOS

STELA MARIA MORAES

EDITORA
AVE-MARIA

© 2019 by Editora Ave-Maria. All rights reserved.
Rua Martim Francisco, 636 – 01226-000 – São Paulo, SP – Brasil
Tel.: (11) 3823-1060 Televendas: 0800 7730 456
editorial@avemaria.com.br • comercial@avemaria.com.br
www.avemaria.com.br
Capa: Cesar Kiyoshi Fugita
Imagens: Cerezo Barredo, CMF
ISBN: 978-85-276-1669-0

5ª reimpressão – 2024

Dados Internacionais de Catalogação na Publicação (CIP)
Angélica Ilacqua CRB-8/7057

Moraes, Stela Maria
30 dias de oração pelos filhos / Stela Maria Moraes. – São Paulo:
Editora Ave-Maria, 2019.

ISBN: 978-85-276-1669-0

1. Pais - Livro de orações e devoções I. Título

19-2548   CDD-248.8421

Índice para catálogo sistemático:
1. Orações para os filhos   248.8421

Imprima-se: 15 de fevereiro de 2019
+ Moacir Silva
Arcebispo de Ribeirão Preto

Diretor-presidente: Luís Erlin Gomes Gordo, CMF
Diretor Administrativo: Rodrigo Godoi Fiorini, CMF
Gerente Editorial: Áliston Henrique Monte
Editor Assistente: Isaias Silva Pinto
Revisão: Edson Nakashima e Mônica Glasser
Diagramação: Ideia Impressa
Impressão e Acabamento: Gráfica Color System

A Editora Ave-Maria faz parte do Grupo de Editores Claretianos
(Claret Publishing Group).
Bangalore • Barcelona • Buenos Aires • Chennai • Colombo • Dar es Salaam •
Lagos • Macau • Madri • Manila • Owerri • São Paulo • Varsóvia • Yaoundé.

Este livro é para você, mãe, que reza
para que seu filho ou filha seja o homem
ou a mulher que Deus sonhou...

Dedico às Filhas de Maria, que sempre
me acompanharam neste caminho
de oração pelos filhos, acreditaram e
me ajudaram na realização deste livrinho.

Agradeço a minha família, meu marido
Gil e meus filhos Gil Neto e Lucas,
que sempre respeitaram meus
momentos de oração.

APRESENTAÇÃO

Mãe,

A foto da capa representa a quarta estação da Via Sacra: "O encontro de Jesus com Maria!".

Foi fazendo a Via Sacra com um grupo de mães que, já há bastante tempo, se une para rezar pelos filhos, que o Espírito Santo confirmou em meu coração a necessidade de se fazer este caminho de oração por eles. Cada dia, cada intenção como se fosse uma estação da vida dos nossos filhos que necessita de ser lavada e purificada pelo Sangue Precioso de Jesus, sob o cuidado de sua e nossa Mãe Maria.

Aprendi e aprendo muito com esta estação da Via Sacra, percebo claramente que Nossa Senhora acompanha Jesus em todas as estações, sem jamais interferir no propósito do Pai para a vida d'Ele, apenas acompanha silenciosa e orante e assim O auxilia no cumprimento da sua missão.

Em meu coração, quando terminei este caminho de oração e buscava uma imagem da quarta estação para colocar no livrinho, deparei-me com esta que me tocou profundamente e percebi que era a escolhida para a capa, pois representa um apelo da Mãe do Céu mostrando a todas nós como o Pai conta com nossas orações para auxiliar na luta diária dos nossos filhos. Ele contou com Maria para sustentar Jesus. Esta foto representa a Mãe de Deus sofrendo, quem sabe, a sua pior dor humana e nos mostra que devemos permanecer com os olhos fixos em Jesus, auxiliando nossos filhos até o final.

Quando os olhares de Jesus e Maria se cruzaram, nesta estação, Ele pôde ver, nos olhos da sua Mãe, como em um espelho, sua imagem gloriosa; Ela refletiu para seu amado Filho o que o seu coração acreditou e sorrindo, silenciosa, confiante, o auxiliou a prosseguir até o fim. O reflexo do olhar de Maria não trouxe a imagem de Jesus como de fato estava, flagelado, torturado, mas os olhos de Mãe, cheios de amor e confiança plena nos desígnios do Pai, refletiram para Ele a sua Vitória sobre o mal, como que dizendo: "Vai, Filho, vai, força, estamos aqui eu e o Pai, a Vitória é sua, Você vai conseguir!".

Mãe, o seu olhar representa o primeiro espelho do seu filho; ele se vê como você muitas vezes o refletiu.

A partir de hoje, meditando e olhando para esta imagem da capa do seu livrinho, peça a graça de refletir para seus filhos Jesus, a sua confiança, a sua esperança, o seu amor.

Que seus olhos maternos possam, a partir de hoje, refletir a verdade sobre tantos sonhos que Deus tem para a vida do seu filho. Este reflexo confiante e cheio de esperança certamente iluminará as trevas de seu filho e o auxiliará a encontrar o Caminho, a Verdade, a Luz!

"Levanta-te à noite; grita ao início de cada vigília; que se derrame teu coração ante a face do Senhor. Ergue para ele as mãos, pela vida de teus filhos que caem de inanição, em todos os cantos das ruas".
(Lm 2,19)

Prefácio

Pensando sobre o tema deste livro, lembrei-me de todas as vezes em que vi minha mãe rezando. Todos os dias, enquanto moramos juntos, eu a encontrei em algum momento fazendo alguma oração. São muitas as pessoas que povoam as orações de minha mãe, mas acredito que meu nome e de meu irmão são os que mais aparecem. Esse ato diário, que exige disciplina e compromisso, de alguma forma, sempre esteve presente em minha vida por conta dela, trazendo-me sempre a sensação de que alguém advoga por mim.

Ter uma mãe que reza, então, é ter uma pessoa que presta atenção em você, de forma solidária, sincera; ter uma pessoa que torce e se preocupa; que espera e que entende, e que tenta demonstrar, através desse ato, o amor que sente.

Esse "prestar atenção" é um exercício de se colocar no lugar, de entender não só o que se espera que seja feito, mas de como seus filhos se entendem e o que esperam de si mesmos e, a partir disso, auxiliá-los a conseguir ser tudo o que almejam.

Gil Neto

• • • • •

Durante toda a minha vida, vi a minha mãe orando. Lembro-me, quando criança, da minha mãe sempre buscando usar como exemplo histórias dos santos da Igreja para tentar me ensinar valores, os quais carrego comigo até hoje. Lembro-me também que todas as noites antes de dormir, em minha infância, ela rezava junto a mim e ao meu irmão para agradecer o dom de nossas vidas. Foi nesses momentos que aprendi a graça de agradecer as pequenas coisas da vida.

Prefácio

Além de todos os ensinamentos, ter uma mãe que reza significa ter uma sensação inexplicável de segurança, pois temos a certeza de que sempre terá alguém olhando/orando por nós. Significa compreender que na vida nem tudo há explicação e que, em certos momentos, precisamos acreditar e ter fé. Ter uma mãe que reza nos lembra, de alguma forma, que sempre há um jeito certo de fazer as coisas. Ter uma mãe que reza nos incentiva a ter compaixão e nos colocar no lugar do outro. Ter uma mãe que reza é me fazer lembrar sempre de algumas frases, como, por exemplo "promova o bem e procure ser luz aos outros, meu filho".

Lucas

Introdução

Mãe! Mais do que ninguém podemos tocar o coração de Deus em relação aos nossos filhos! Avante seguir em oração sem medo, sem cessar, sem jamais vacilar! Com Maria, sempre juntas e unidas pela oração!

Stelinha

MÃE! A oração levará nossos filhos a viverem os sonhos de Deus para a vida deles. A oração levará nossos filhos a serem homens e mulheres que Deus sonhou desde sempre. A oração fará com que os desígnios de Deus sejam cumpridos integralmente na vida dos nossos filhos! A oração tem o poder de mudar todas as coisas! A oração tem o poder de abrir as comportas do Céu na vida dos nossos filhos e os impulsionar a galgar e alcançar os sonhos de Deus para eles. Não vamos desistir jamais!

JUNTAS permaneceremos rezando pelos nossos filhos! Rezaremos constantemente pelo futuro dos nossos filhos; pela sua conversão, pela restauração daqueles que estão "no mundo"; pelo seu caráter; por escolhas pessoais assentadas nos ensinamentos de Jesus e da nossa Igreja; por amigos que os ajudarão em vez de atrapalhar; por seu bom uso de qualquer posição futura de poder e/ou riquezas; pelo seu encontro pessoal com Jesus; pelo cumprimento dos sonhos de Deus na vida deles.

Coloque as fotos dos seus filhos debaixo de uma imagem de São José ou de Nossa Senhora ou da Sagrada Família! Entregue-os com fé aos cuidados da Sagrada Família durante estes trinta dias de oração!

Escreva aqui o nome dos seus filhos e, se quiser, cole uma foto deles. Com suas palavras descreva para Jesus o que seu coração de mãe sente em relação a cada um e faça a sua própria oração de entrega.

Rezar todos os dias depois da meditação:
Terço especial de São José e o Terço das Lágrimas
de sangue de Nossa Senhora (no final do livro),
o Santo Terço mariano e se possível,
o Rosário por estas intenções.

1º DIA

Neste primeiro dia, vamos cobrir nossos filhos com as nossas orações, com a nossa benção. Assim como Nossa Senhora cobriu Jesus nas noites frias, assim como nós também, muitas vezes, cobrimos nossos filhos, hoje o convite é que a nossa oração possa cobri-los de bênçãos, diante deste mundo sombrio e frio...

Senhor, peço que guarde e resplandeça o seu rosto sobre a vida dos meus filhos (falar o nome de cada um): "O Senhor te abençoe e te guarde (meu filho...); o Senhor faça resplandecer o seu rosto sobre ti, e tenha misericórdia de ti; (Fale o nome do seu filho), o Senhor sobre ti levante o seu rosto e te dê a paz" (Números 6,24-26).

2º DIA

Hoje vamos pedir pelo encontro pessoal de nossos filhos com Jesus... Vamos pedir para que Nossa Senhora venha providenciar este encontro, que fale aos ouvidos dos nossos filhos como falou com Jacinta e Francisco... Que eles escutem a voz e o chamado de Nossa Senhora para levá-los até Jesus.

Leitura: Jó 42,1-6 – reze com esta Palavra. Senhor, que meu filho... Possa ver-te com seus próprios olhos, possa sentir-te no fundo do seu coração e reconhecendo-te como Senhor, se arrependa e passe a trilhar o caminho que o Senhor sonhou para ele!

3º DIA

Neste terceiro dia vamos pedir ao Senhor que mude o coração dos nossos filhos, que tire o coração de pedra e transforme em coração de carne, um coração adorador, que é apaixonado por Jesus, que eles tenham um coração cheio de amor. Vamos pedir a Nossa Senhora que ofereça a Jesus o "raio X" do coração de cada filho, pedindo que ela interceda pelas necessidades, cura e libertação de cada um. Vamos pedindo por cada um dos nossos filhos separadamente.

Leitura: Ezequiel 36,24-28.

4º DIA

Com fé, vamos pedir que a Luz de Deus resplandeça na vida dos nossos filhos; peçamos que a Luz recebida no Batismo e no Crisma possa resplandecer na vida dos nossos filhos e que eles possam ser pequenas estrelas de Deus iluminando a escuridão deste mundo. Vamos pedir a graça de que a Luz de Cristo brilhe através das escolhas, ações e palavras dos nossos filhos, que eles possam atrair muitos a Cristo. Vamos pedir a Jesus, neste momento, rezando para um filho de cada vez, que eles possam vencer as trevas de suas vidas, que o seu lado sombrio possa ser iluminado pelo amor de Jesus, pela misericórdia de Jesus e que, conhecendo a Verdade, sejam totalmente libertos!

Leituras: 1Pedro 2,9-10 e Mateus 5,16: "Brilhe vossa luz diante dos homens, de modo que, ao ver vossas boas obras, glorifiquem vosso Pai do Céu!" (Falando o nome de cada filho, vamos fazer esta profecia).

5º DIA

*H*oje a nossa entrega é para que seja concedida aos nossos filhos a graça do conhecimento da Vontade de Deus para a vida deles. Que eles entendam o sentido de suas vidas no plano de Deus, reconheçam seus dons e talentos como dádiva divina e busquem desenvolvê-los para maior glória de Deus. Que nossos filhos sejam libertos de todo desejo de "aplausos" deste mundo, mas que busquem agradar a Deus em todas as suas escolhas e decisões. Que seja esclarecido aos nossos filhos, pela Luz do Espírito Santo, que a felicidade deles está intimamente ligada a ser aquilo que Deus quer e espera que eles sejam.

Leituras: Jeremias 1,5-12; Gálatas 1,10; Efésios 5, 8-19.

6º DIA

Neste sexto dia vamos rezar pelas decisões dos nossos filhos. Rezemos para que eles façam a escolha certa. Rezemos para que levem uma vida de santificação, de justiça, fugindo de tudo o que possa ser um obstáculo para que os desígnios de Deus se cumpram em suas vidas, de forma que sejam homens e mulheres livres para viver os sonhos de Deus. Peçamos agora, mães, a São José que ajudem nossos filhos a fazer suas escolhas e decisões, que elas sejam marcadas por um profundo amor e respeito aos ensinamentos de Deus.

Leituras: Provérbios 3,5-6; Tiago 1,5-8.

7º DIA

*E*m especial hoje vamos pedir para que nossos filhos não sejam enganados com filosofias mundanas, com mentiras diabólicas que os distanciem da verdade e do Céu. Hoje vamos pensar, na atualidade, como estão massacrando os princípios da nossa fé, como a sociedade está investida da cultura do mal. Vamos pensar no perigo que nossos filhos correm ouvindo todos os dias estas filosofias diabólicas. Peçamos a graça do discernimento e da sabedoria. Que eles saibam a Verdade, que não sejam seduzidos pela sociedade moderna, que quer adequar Deus aos seus desejos.

Leituras: Efésios 5,6-7; Colossenses 2,8.

8º DIA

Rezemos hoje para que nossos filhos possam ter a mente de Cristo e serem guiados pelo Espírito Santo e não pela carne. Rezemos para que eles não se conformem nem se amoldem aos padrões deste mundo, mas que sejam transformados através da Palavra de Deus dia após dia. Rezemos para que os pensamentos dos nossos filhos sejam levados à obediência de Cristo (2Coríntos 10,5). Rezemos para que o Senhor trabalhe no coração e na mente dos nossos filhos.

Leituras: Juízes 2,1-5; 2Timóteo 2,22; 1João 2,15-16.

9º DIA

Peçamos hoje a São José que interceda para que o Senhor conceda aos nossos filhos um coração de servo, um coração obediente, que escute a Deus e queira de verdade fazer a sua vontade. Um coração como o de São José, atento aos conselhos do Céu, atento aos impulsos do Espírito Santo e obediente a estes impulsos. Vamos pedir que a Providência Santíssima coloque na vida de nossos filhos bons conselheiros, pessoas santas, com pensamentos santos, que possam levá-los a encontrar a felicidade em ser aquilo que Deus quer. Bons padres, bons amigos, bons chefes, bons companheiros de trabalho... Que o Senhor afaste de nossos filhos todas as pessoas mal-intencionadas, que os livrem da companhia de maus.

Leituras: João 5,24-25; João 10,27; 1Coríntios 15,33-34.

10º DIA

Neste décimo dia vamos pedir que nossos filhos estejam sintonizados no Plano de Deus para suas vidas; que seus projetos para o futuro encontrem respaldo e auxílio na vontade e Providência Santíssima. Oremos para que sejam descobertos os "olhos espirituais" dos nossos filhos e que eles "vejam" e entendam o propósito de Deus para suas vidas. Oremos para que nossos filhos tenham fé suficiente para entregar o seu futuro ao Senhor, trilhando com coragem e confiança os caminhos que Ele traçou para suas vidas. Vamos pedir o auxílio do Arcanjo Rafael e ao Santo Anjo da Guarda dos nossos filhos que os acompanhem em sua caminhada.

Leituras: Salmo 25(24),8-10;
Salmo 37(36),5-7; Salmo 86(85),11;
Salmo 119(118),102-105.

11º DIA

No desafio de hoje rezemos para que nossos filhos busquem a companhia de Jesus e desejem conhecer e cumprir a sua vontade. Oremos para que nossos filhos abram o coração e a mente para o senhorio de Jesus em suas vidas. Rezemos para que sintam o desejo de estarem perto de Jesus. Rezemos para que eles tenham força para fazer uma boa confissão, reconhecendo com humildade suas falhas e erros. Rezemos para que a Providência Santíssima coloque na vida dos nossos filhos um bom sacerdote, capaz de compreendê-los e levá-los ao caminho que leva ao Céu. Mas, se você é uma mãe privilegiada por ter seus filhos no Caminho e serviço de Deus, agradeça ao Senhor e peça por tantos filhos e filhas de Nossa Senhora que estão distantes da Verdade e que precisam reconhecer o senhorio de Jesus em suas vidas.

Leituras: Jeremias 29,13; Mateus 13,44; Apocalipse 2,4.

12º DIA

O propósito de hoje é rezar para que nossos filhos fiquem longe e/ou sejam livres de toda devassidão, imoralidade sexual, impureza, paixão, desejos maus, ganância, ira, animosidade, maledicência, maldade, linguajar indecente ao falar, corrupção... Vamos pedir que a Luz de Cristo possa iluminá-los e alertá-los sobre toda conduta que necessita de conversão, de mudança, de ruptura. Rezemos para que o arrependimento eficaz e verdadeiro aconteça no coração de nossos filhos e deixem os maus hábitos para serem aquilo que Deus quer.

Leituras: Gálatas 5,19-21; Tiago 4,1-10; 1Pedro 2,11-12.

13º DIA

No desafio de hoje estaremos orando pela saúde de nossos filhos. Rezemos para que Nosso Senhor restaure a saúde dos nossos filhos. Que o Sangue Precioso de Jesus possa agora lavar todos os órgãos do corpo dos nossos filhos, trazendo a cura total. Rezemos para que Jesus cure todas as dores e as enfermidades que afligem os nossos filhos. Vamos pedir para que Nossa Senhora visite a vida dos nossos filhos, desde a concepção até o dia de hoje e cure todos os traumas e doenças existentes em seu corpo, sua mente, vamos pedir a CURA DO HOMEM TOTAL! Vamos ajudar todas as mães que estão sofrendo com seus filhinhos doentes, vamos entregar as nossas orações para que Nossa Senhora possa cuidar de todos estes filhos. Vamos pedir para que o Senhor encha o coração de todas as mães, que padecem com seus filhos doentes, de fé, de coragem, de ousadia para aceitar os planos de Deus para a vida de seus filhos e que não desanimem, mas que perseverem na oração.

Nesta oportunidade também vamos agradecer a Deus pela saúde plena dos nossos filhos e que o Senhor os livre de toda enfermidade física e mental, de toda peste perniciosa.

Leituras: Êxodo 15,26; Salmo 41(40),4;
Provérbios 3,7-8; Provérbios 17,22;
Mateus 9,12; 3João 1-4.

14º DIA

Hoje o dia é da alegria! Assim rezaremos para que a alegria inunde o coração dos nossos filhos. Que no coração deles não haja espaço para a tristeza. Rezemos para que nossos filhos compreendam que Deus é a única fonte da verdadeira alegria e que nada nem ninguém pode preencher a alegria que o seus coraçõezinhos tanto buscam. Peçamos a Deus para que todas as vezes que a tristeza e sentimentos negativos invadirem a alma dos nossos filhos, que nossa querida Mãezinha possa cercá-los com seu amor e cuidado e interceder para que o Espírito Santo os invada com sua Alegria. Vamos pedir para que o Espírito Santo ilumine nossos filhos para que entendam que a autêntica alegria não depende das circunstâncias em que eles vivem, mas de uma verdadeira intimidade com Deus e que é possível viver o sofrimento com alegria e esperança se caminharmos junto com Jesus e Maria.

Leituras: Salmo 16(15),8-9; Salmo 28(27),7;
João 15,11; João 16,22-23;
Filipenses 4,4; Tiago 1,2-4.

15º DIA

Neste décimo quinto dia vamos interceder para que nossos filhos tenham a certeza de que o Senhor está sempre com eles. Que nossos filhos jamais se sintam abandonados por Deus, mas que tenham a graça de superar as dificuldades crescendo na confiança absoluta na promessa de Jesus de que ELE não nos abandona. Vamos pedir que nossos filhos creiam na presença constante de Deus em suas vidas, ainda que não O Vejam ou O Sintam, mas que reconheçam com a razão de que Deus é Onipotente, Onipresente e Onisciente.

Leituras: Josué 1,9; Isaías 41,10;
Mateus 28,20; Romanos 8,38-39.

16º DIA

Peçamos a Jesus neste dia pela proteção espiritual dos nossos filhos, para que não sejam enganados e seduzidos pelas paixões deste mundo. Vamos interceder para que nossos filhos sejam livres dos ataques espirituais através de músicas, programas de televisão, novelas, filmes, revistas e livros, de toda sorte de enganos e seduções de satanás. Que eles, analisando tudo, escolham sempre o que é bom e afastem-se do que é mal. Rezemos para que nossos filhos tenham coragem e ousadia para rejeitar tudo o que não vem do Senhor.

Leitura: 1Tessalonicenses 5,19-22.

17º DIA

Hoje intercederemos pela sexualidade dos nossos filhos, tão fortemente atacada nestes tempos. Vamos interceder pela cura de traumas sexuais, de rejeição, de complexos de superioridade e de inferioridade e de qualquer outro sentimento que possa gerar desvios de comportamento em nossos filhos. Que toda a sexualidade dos nossos filhos seja restaurada, purificada, santificada pela graça do Espírito Santo. Que nossos filhos busquem a santidade em seus corpos e também respeitem todas as pessoas com quem possam vir a ter um relacionamento amoroso. Vamos pedir que o Espírito Santo trabalhe em nossos filhos para que não objetivem a sua sexualidade, mas que tenham a consciência de que são templos de Deus e, como tal, devem agir glorificando a Deus com os seus corpos.

Leituras: Efésios 2,19-22; 1Coríntios 3,16-17; 1Coríntios 6,15-20.

18º DIA

O propósito de hoje é rezar para que nosso Senhor livre nossos filhos da influência do materialismo e consumismo, egoísmo, acúmulo de bens e dinheiro. Vamos pedir que os nossos filhos não sirvam ao dinheiro, o senhor deste mundo, mas que adorem somente a Jesus e aprendam com Ele. Vamos pedir que nossos filhos sejam libertos do sentimento excessivo de acumular riquezas, de selecionar, medir e valorizar as pessoas pelo dinheiro, mas que aprendam com a Sagrada Família que Jesus deve ser sempre a nossa maior riqueza e que não se pode servir a dois senhores. Vamos pedir que Nosso Senhor cure nossos filhos de desejar o que não necessitam, causando angústia e tristeza em seus corações quando não conseguem realizar seus desejos, mas que estejam satisfeitos com o que Deus permite que tenham. Também vamos pedir que o Senhor permita aos nossos filhos o arrependimento, caso tenham excluído pessoas de suas vidas por não terem a condição financeira que eles esperavam. Vamos pedir que Nossa Senhora ensine aos nossos filhos a alegria da partilha e ajuda ao próximo.

Leituras: Salmo 112(111),5-6;
Mateus 6,19-24; Lucas 16,13-15;
Lucas 18,24; 1Timóteo 6,6-10, Hebreus 13,5.

19º DIA

Neste décimo nono dia vamos interceder pelo intelecto dos nossos filhos. Peçamos ao Senhor para que nossos filhos recebam de Deus inteligência e sabedoria, para que eles tenham interesse pelo estudo, para que eles entendam desde pequenos a necessidade de adquirir conhecimento. Rezemos para que eles sejam dedicados e esforçados nos estudos e para que eles sejam orientados por Deus a qual carreira profissional seguir. Rezemos para que Deus abençoe o intelecto dos nossos filhos, dando a eles inteligência, sabedoria e entendimento. Rezemos para que eles sejam cheios não só da sabedoria humana adquirida pelo conhecimento, mas que eles estejam cheios da sabedoria de Deus.

Leituras: 1Reis 3,9-12; Provérbios 2,1-8;
Provérbios 4,7; Provérbios 9,10;
2Pedro 1,5-11

20º DIA

Hoje vamos rezar para que Deus faça prosperar o trabalho das mãos dos nossos filhos, para que eles possam ter um sustento digno por meio de uma ocupação de que gostem e na qual se saiam bem. Rezemos para que Deus faça deles homens e mulheres bem-sucedidos e felizes no desempenho de sua profissão. Rezemos para que o trabalho dos nossos filhos encontre favor diante dos outros e seja bem recebido e respeitado. Peçamos a Deus a graça de que eles descubram seus dons e talentos e busquem cada vez mais desenvolvê-los e aperfeiçoá-los para a maior glória de Deus. Que o Senhor afaste de nossos filhos toda preguiça e má vontade ao executar o trabalho, mas, ao contrário, que sejam trabalhadores e caprichosos como foi São José e Nossa Senhora, procurando fazer tudo com amor para agradar a Deus. Vamos pedir em especial a proteção de São José, para que interceda junto ao Senhor pela vida profissional dos nossos filhos, que não lhes falte trabalho nem ânimo e responsabilidade para executar.

Leituras: Provérbios 14,23;
Provérbios 16,3; 1Tessalonicenses 4,11-12.

21º DIA

Neste vigésimo primeiro dia de caminhada vamos entregar ao Senhor as finanças dos nossos filhos. Vamos pedir para que São José interceda pelos nossos filhos, para que sejam sábios ao lidar com suas finanças, que sejam controlados, responsáveis ao gastar, que não sejam pródigos, gastões, mas que sejam moderados, econômicos, sem desperdícios, que saibam priorizar o que é realmente importante. Peçamos que São José e Nossa Senhora os ensinem a serem bons administradores do dinheiro, e tenham o coração aberto para a obra do Senhor e para os que mais precisam.

Leituras: Salmo 37(36),16;
Salmo 112(111), 5-6; Provérbios 11,4;
Eclesiástico 5,9-11.

22º DIA

Neste dia vamos clamar pela coragem do Espírito Santo. Vamos pedir ao Nosso Senhor que remova da vida dos nossos filhos todo o medo e toda a dúvida. Rezemos para que nossos filhos sintam a presença de Nossa Senhora bem pertinho deles em momentos de medo, pavor e insegurança. Rezemos para que Nosso Senhor livre nossos filhos de todo o transtorno do medo, fobias, ansiedades e pânicos. Rezemos pedindo que Jesus revista os nossos filhos de coragem para que possam caminhar destemidos em busca dos sonhos de Deus para a vida deles. Rezemos para que sejam homens e mulheres fortes, como São José e Nossa Senhora, confiantes nos planos e na providência divina, certos de que TUDO ESTÁ SOB O CONTROLE DE DEUS e que TUDO CONCORRE PARA O BEM DAQUELES QUE AMAM A DEUS. Ore para que

eles se abriguem e estejam seguros debaixo das asas do Altíssimo (Salmo 91(90),4).
Leituras: Marcos 5,36; Mateus 1,20; Lucas 1,30; Mateus 14,22-33.

23º DIA

Peçamos hoje em especial a intercessão de São Miguel Arcanjo, a fim de que ele proteja nossos filhos de todo mal, de toda má companhia, de toda pessoa que possa vir a exercer má influência em suas vidas. Peçamos que nossos filhos sejam revestidos de força e coragem para guiar seus amigos para o bom caminho das virtudes e da santidade. Rezemos à Providência Santíssima para que envie aos nossos filhos bons amigos íntimos, cristãos praticantes e que o Senhor traga para a vida deles pessoas que os ajude a buscar e viver o Evangelho, andando nos caminhos do Senhor. Rezemos também para que nossos filhos descubram o auxílio do seu Anjo da Guarda e que seus ouvidos estejam abertos aos seus conselhos. Rezemos ainda pelos amigos dos nossos filhos, para que, juntos, possam ver a Cristo e vendo-O passem a segui-Lo.

Leituras: Provérbios 13,20-21;

Provérbios 22,24-25; 1Coríntios 15,33.

24º DIA

Neste dia especialmente vamos colocar a árvore genealógica dos nossos filhos, no ramo da família paterna e materna. Peçamos a Deus para que nossos filhos não tenham a tendência de reproduzir maus comportamentos herdados da família, que, pelo Sangue Preciosíssimo de Jesus, nossos filhos sejam libertos, assim como toda a nossa família de tendências pecaminosas hereditárias, lavando e retirando toda iniquidade e transgressão para que nossos filhos tenham apenas bons exemplos a seguir. Que todo possível jugo hereditário seja agora quebrado pelo poder de Jesus e que a Cruz de Jesus esteja entre nossa família, nossos filhos e o perigo.

Leitura: Baruc 3,1-8.

25º DIA

Neste vigésimo quinto dia de caminhada peçamos a libertação dos nossos filhos de todo possível voto íntimo que possam ter proferido contra si mesmo e contra os desígnios de Deus na sua vida. Também vamos clamar pela libertação das sentenças que, por acaso, outras pessoas possam ter proferido na vida dos nossos filhos ou, até mesmo, você, mãe ou o pai, proferiram, e que hoje se tornaram um obstáculo firme contra os sonhos de Deus para eles. Vamos profetizar bênçãos na vida dos nossos filhos, vamos profetizar que serão homens e mulheres segundo o sonho de Deus, renunciando toda maldição, toda palavra de derrota que possa ter sido proferida na vida dos nossos filhos.

Leituras: Gênesis 12,3; Deuteronômio 11,26-28; Deuteronômio 30,19-20; Números 22,6. Zacarias 8,13; Tiago 3,9-12.

26º DIA

O nosso desafio hoje é pedir pela vida sentimental e amorosa dos nossos filhos, afastando deles todas as pessoas que não estejam no plano de Deus e que Nossa Senhora interceda para o encontro glorioso dos nossos filhos, que eles encontrem e reconheçam no seu coração o homem e a mulher que Deus escolheu para eles desde toda a eternidade. Um casamento feito sem a direção do Senhor só trará tristeza e será bloqueador das bênçãos e propósitos que Deus tem para vida de nossos filhos. Casar-se com a pessoa errada é estar fora do centro da vontade de Deus e isso causará muitas lágrimas. Portanto, vamos rezar pedindo a Deus para colocar a pessoa certa no caminho dos nossos filhos, para que eles desfrutem de toda sorte de bênçãos que o casamento pode proporcionar. Peçamos para que o Espírito Santo os conceda a graça da paciência para esperar no Senhor, mantendo-se em pureza e santidade. Rezemos também para os que já estão casados, que o Espírito Santo seja o mantenedor de seu casamento e que o Senhor afaste qualquer espírito de divórcio, seja agora liberto de possíveis jugos hereditários de casamentos infelizes e malsucedidos.

Leituras: Gênesis 2,24-25;
Mateus 1,18-25; Mateus 19,6-9.

27º DIA

Rezemos hoje pedindo que Deus capacite nossos filhos com a força suficiente para rejeitar todos os manjares do mundo. Rezemos para que os nossos filhos sintam o desejo de viver em santidade, para que reconheçam as áreas onde foram desviados do caminho da santidade, e para que surjam profundos arrependimento e confissão, para que desejem, busquem e alcancem a misericórdia e o perdão. Rezemos para que nossos filhos não fiquem desanimados com o mundo e achem a santidade algo muito distante de suas vidas, mas que acreditem que é possível viver a santidade nas pequenas coisas do dia a dia.

Leituras: Mateus 5,48; 2Coríntios 7,1; Hebreus 12,14-15; 1Pedro 1,15.

28º DIA

Hoje vamos procurar a intercessão dos padroeiros dos nossos filhos. Vamos pesquisar o santo do dia do seu nascimento e do seu batismo e vamos conferir a eles a proteção e o cuidado para que nossos filhos possam alcançar os sonhos de Deus para a vida deles. Peçamos ao santo do dia do nascimento a graça dos nossos filhos cumprirem a missão que Deus sonhou para eles desde toda a eternidade e para o santo do batismo que ele cuide para que nossos filhos possam ser fiéis às promessas feitas por seus pais e padrinhos no dia do seu batismo. Vamos procurar ler a história da vida do santo padroeiro dos nossos filhos e depois apresentá-lo a eles, ensinando-lhes a buscar o seu auxílio em suas necessidades e decisões.

Leituras: Gênesis 20,7; Êxodo 17,10-13; Jó 42,8-9; João 2,1-12; Atos 1,13-14, 2Coríntios 1,8-11; Efésios 6,18; Filipenses 1,19; Colossenses 4,2-3; 2Tessalonicenses 3,1-3.

29º DIA

A oração de hoje é para nós, pais e mães. Vamos pedir ao Senhor que nos dê força para continuar lutando pelos nossos filhos em oração e ensinando a Palavra de Deus. Rezemos para que Deus nos capacite com palavras sábias e aconselhamentos sábios. Peçamos ajuda a Nossa Senhora para que Ela prepare circunstâncias e situações, momentos preparados pela Providência Santíssima, onde possamos instruir, aconselhar e orientar nossos filhos. Vamos pedir para que a palavra que sair da nossa boca seja carregada de amor, mansidão e também de autoridade divina. Rezemos também para que toda instrução encontre guarida no coração de nossos filhos e que Deus opere a sua obra na vida deles. Que nós possamos ser ajuda adequada aos nossos filhos, queridos pais, como é o desejo do Pai do Céu, como foram São José e Nossa Senhora na vida de Jesus!

Leituras: Salmo 37(36),25; Provérbios 1,8-19; Provérbios 13,24; Provérbios 23,22; Efésios 6,1-4.

30º DIA

Queridos pais e companheiros de caminhada e oração, hoje vamos especialmente agradecer a Deus pelo privilégio de ser mãe, de ser pai. Seja biológico ou de coração. Agradeçamos a Deus pela honra de receber do Senhor uma herança tão preciosa como os nossos filhos (vamos pensar em cada um especialmente, agradecendo pelo dom de sua vida). Os nossos filhos são joias preciosas que o Senhor nos deu. Joias, que na maioria das vezes, ainda precisam ser lapidadas e trabalhadas, mas não deixam de ser joias! Agradeçamos ao Senhor, então, pelos nossos filhos, pedindo a Ele graça e sabedoria para poder, com a sua ajuda, de sua Mãe Maria Santíssima, do nosso Anjo da Guarda, de todos os santos e anjos do Céu, trabalhar e lapidar este tesouro que o Pai confiou aos nossos cuidados. Peçamos a Deus para que Ele nos dê força e sabedoria o suficiente para deixar um legado de amor, de oração e dedicação aos nossos filhos. Rezemos entregando totalmente os nossos filhos nas mãos de Deus. Rezemos para que Deus receba esta entrega e faça o melhor na vida de cada um.

Rezemos para que Deus conduza os nossos filhos pelos caminhos que Ele mesmo já planejou para a vida deles. Rezemos para que Deus conforte os seus coraçõezinhos diante da entrega e para que Ele nos fortaleça na fé e na confiança de que Nossa Senhora estará rogando constantemente por nossos filhos e Deus fará o melhor por eles.

Leituras: Salmo 127(126),1-5; João 16,21.

Vamos entregar nossos filhos aos três corações:
Sagrado Coração de Jesus,
Imaculado Coração de Maria
e o Casto Coração de São José.

ORAÇÕES

Glória

Terço Glorioso de São José:

1. Sinal da Cruz
2. Oração do Espírito Santo
3. Um Pai-Nosso, 3 Ave-Marias, um Oferecimento do Terço:

"Ofereço este Terço em louvor e glória de Jesus, Maria e José, para que sejam a minha luz, meus guias, proteção, defesa, amparo e fortaleza em todos os meus trabalhos, alegrias, agonias e tribulações. Pelo nome de Jesus e pela glória de Maria, imploro de vós, ó glorioso São José, que alcanceis a graça que desejo (pede-se a graça). Advogai a minha causa, falai em meu favor, no Céu e na Terra, alegrai a minha alma, para honra e glória de Jesus e Maria. Amém".

Mistérios de Deus na Vida e Missão de São José

1º mistério: contemplamos a Aparição do anjo do Senhor, em sonhos, a José (Mt 1,18- 25);

2º mistério: contemplamos José no presépio com o recém-nascido e Maria (Lc 2,1-16);

3º mistério: contemplamos a fuga para o Egito (Mt 2,13-15);

4º mistério: contemplamos a apresentação de Jesus no Templo (Lc 2,22-39);

5º mistério: contemplamos o reencontro de José e Maria com Jesus, no Templo (Lc 2,41-51);

Contas grandes: Pai-Nosso

Contas pequenas: Salve, José:

"Salve, José, agraciado por Deus, o Senhor é convosco. Bendito sois vós entre os homens e bendito é o fruto do vosso piedoso coração, Jesus. São José, pai adotivo de Jesus, olhai e cuidai de nós e dos nossos filhos agora e na hora de nossa morte santa. Amém".

No final de cada mistério rezar o Glória e esta invocação de São José: "Meu glorioso São José, nas vossas maiores aflições e tribulações o anjo não vos valeu? Valei-me, São José".

Final do Terço

"Graças vos damos, glorioso São José, pelos benefícios que todos os dias recebemos de vossas mãos. Dignai-vos agora e para sempre tomar-nos debaixo de vosso poderoso amparo e para mais vos obrigar, vos saudamos com a oração Salve, Glorioso São José:

'Ó Glorioso São José, a quem foi dado o poder de tornar possíveis as coisas humanamente impossíveis, vinde em nosso auxílio nas dificuldades em que nos achamos. Tomai sob a vossa proteção a causa que vos confiamos, para que tenha uma solução favorável (faz-se o pedido). Ó Pai muito amado, em vós depositamos toda nossa confiança. Que ninguém possa, jamais, dizer que vos invocamos em vão. Já que tudo podeis junto a Jesus e Maria, mostrai-nos que a vossa bondade é igual ao vosso poder. São José, a quem Deus confiou o cuidado da família de Nazaré, sede o pai e protetor da nossa e impetrai-nos a graça de vivermos e morrermos no amor a Jesus e Maria. São José da Esperança, rogai por nós que recorremos a vós".

Bênção de São José
"São José, em nome da Santíssima Trindade, abençoai e defendei os nossos filhos. Ide a sua frente para os guiar, atrás deles para os proteger e ao seu lado para os amparar. Com a vossa súplica, ajudai-os a serem perseverantes na fé e no compromisso com o Evangelho, fazendo sempre o bem, para assim alcançarem, com a graça de Deus, a glória eterna. Amém!".

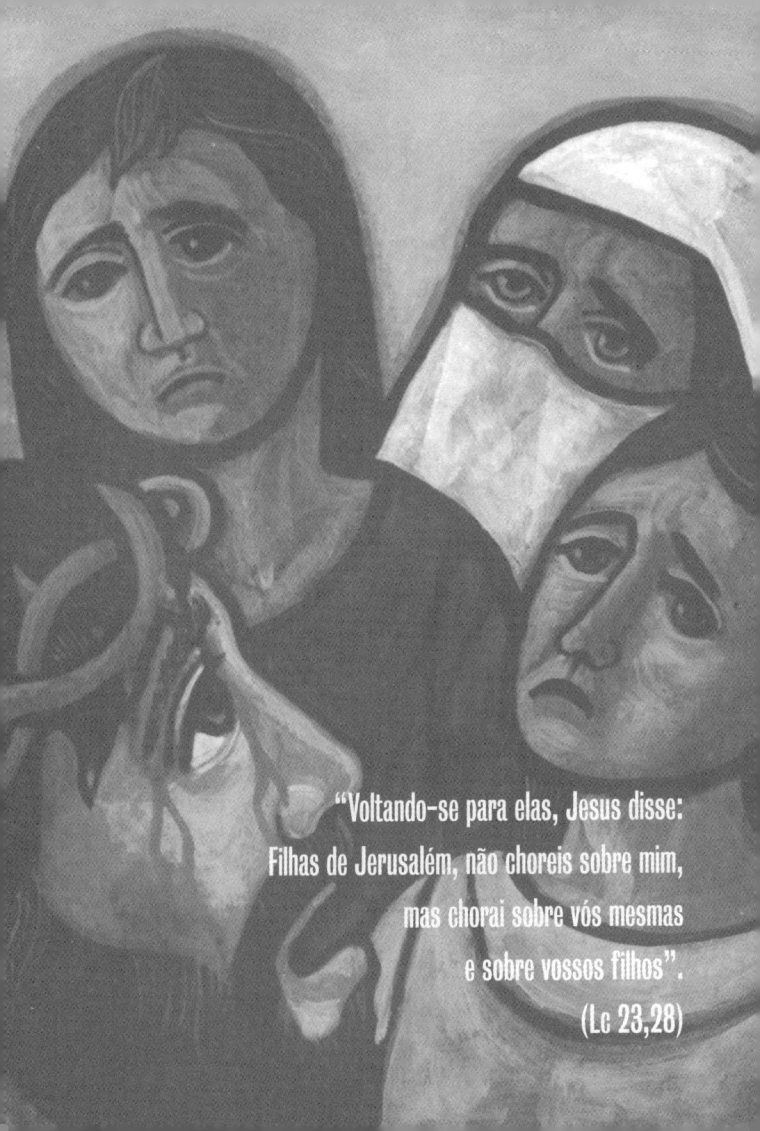

"Voltando-se para elas, Jesus disse:
Filhas de Jerusalém, não choreis sobre mim,
mas chorai sobre vós mesmas
e sobre vossos filhos".
(Lc 23,28)

Terço das Lágrimas de Sangue de Nossa Senhora

1. Sinal da Cruz
2. Oração do Espírito Santo
3. Oração de São Miguel Arcanjo:

"São Miguel Arcanjo, defendei-nos no combate, sede nosso refúgio contra as maldades e ciladas do demônio! Ordene-lhe Deus, instantemente o pedimos; e vós, Príncipe da Milícia Celeste, pelo poder Divino, precipitai ao inferno a satanás e a todos os espíritos malignos, que andam pelo mundo para perder e condenar as almas. Amém".

4. Rezar um Credo...
   1 Pai-Nosso...
   3 Ave-Marias e
   1 Glória

Mistérios do Terço

1º Mistério: contemplamos como Jesus nos deu um exemplo brilhante na luta contra Satanás e seu reino;

2º Mistério: contemplamos como Jesus venceu a morte e o inferno pela sua paixão e morte na cruz;

3º Mistério: contemplamos a Cruz de Cristo que se tornou um Sinal de terror para Satanás;

4º Mistério: contemplamos como Jesus deu à Virgem Maria a força de esmagar a cabeça de Satanás;

5º Mistério: contemplamos como Jesus deu à Virgem Maria o poder sobre Satanás eternamente.

Nas contas grandes *(MAGNIFICAT)*:

"Minha alma glorifica ao Senhor, meu espírito exulta de alegria em Deus, meu Salvador, porque olhou para a humildade da sua pobre serva. Por isso, desde agora, me proclamarão bem-aventurada todas as gerações, porque realizou em mim maravilhas aquele que é poderoso e cujo Nome é santo. Sua misericórdia se estende, de geração em geração, sobre os que O temem. Manifestou o poder de seu braço, desconsertou os corações dos soberbos. Derrubou do trono os poderosos e exaltou os humildes. Saciou de bens os indigentes e despediu de mãos vazias os ricos. Acolheu a Israel, seu servo, lembrado da sua misericórdia. Conforme prometera a nossos pais em favor de Abraão e sua posteridade, para sempre. Amém".

Nas contas pequenas: Virgem Poderosa, Imaculada Conceição, Rainha das Vitórias, que as vossas Lágrimas de Sangue destruam as forças infernais que se levantam sobre meus filhos e impedem que os desígnios de Deus se cumpram na vida deles.

Nas vezes do Glória: A Cruz Sagrada seja minha Luz, não seja o dragão, meu guia, retire-se satanás, nunca me aconselhes coisas vãs, é mau o que tu me ofereces, bebe tu mesmo o teu próprio veneno.

Terminando os mistérios rezar: Salve Rainha e "Levanta-se Deus, intercedendo a Bem-Aventurada Virgem Maria, São Miguel Arcanjo e todas as Milícias Celestes. Que sejam dispersos seus inimigos e que fujam de Vossa Face todos os que vos odeiam e vos perseguem. Em nome do Pai, do Filho e do Espírito Santo. Amém".

Informações sobre a Editora Ave-Maria

Para conhecer outros autores e títulos da
Editora Ave-Maria, visite nosso site em:
www.avemaria.com.br
e siga nossas redes sociais:
facebook.com/EditoraAveMaria
instagram.com/editoraavemaria
x.com/editoravemaria
youtube.com/EditoraAveMaria

Envie o seu testemunho:
30diasdeoracaopelosfilhos@gmail.com
stelamaria.blogspot.com.br
Ribeirão Preto
@stelamoraes29

EDITORA
AVE-MARIA